E

SMS aux blanches, aux noires et aux mulâtresses
Poésie

Du même auteur

Théâtre

Choucoune, L'Harmattan, Paris, 2001.
Fort-de-Joux, avril 1803, Toussaint Louverture face à Napoléon Bonaparte, L'Harmattan, Paris, 2003.
Claire, Catherine et Défilé : les trois femmes les plus puissantes d'Haïti, Kéfémas Éditions, Paris, 2017.

Nouvelles

La nuit ésotérique, les merveilles du psaume 59 contre les Zobops, Publibook, Paris, 2002.

Poésies

Des amours de haine, recueil de poésies, Dauphin Noir Culture, Paris, 2004
Jofstalgie, Format Kindle, 2016.
Les Poèmes du divorce, Format Kindle, Kéfémas Editions, 2019.

Essai

Haïti, une démocratie en perdition : le peuple vote... le conseil décide, Dauphin Noir Édition, Paris, 2006.

Les 28 chemins qui mènent à la richesse légitime, Kéfémas Éditions, Paris, 2013.

Ouvrages collectifs

Eric et Ketty Sauray, Préjugés, susceptibilités et discriminations: être citoyens dans l'entreprise par-delà la diversité, Format Kindle, 2015.

Eric et Ketty Sauray, Les amours raffinées, anthologie des plus beaux poèmes d'Oswald Durand, Dauphin Noir Édition, Paris, 2006.

Je chante pour l'humanité, entretiens avec Eric Sauray, Ketty Sauray et Dieudonné Larose, Dauphin Noir Édition, Paris, 2005.

Eric SAURAY

SMS aux blanches, aux noires et aux mulâtresses
Poésie

© **Eric SAURAY**

Code d'éditeur : ADJS1L6GCJO6I
ISBN: 9781793982605

Kéfémas Éditions
7, rue des Grives
95160 Montmorency
T : 01 34 17 63 18
F : 09 57 31 55 96

Dédicace

A ma femme, Ketty SAURAY

A mes fils : François-Eric et Marc-Aurèle

Aux femmes de mon pays et aux femmes du monde

SMS aux blanches, aux noires et aux mulâtresses

Eric SAURAY

SMS aux blanches, aux noires et aux mulâtresses

« Mangez, amis, buvez, enivrez-vous d'amour ! »

Cantiques des Cantiques 5 verset 1

Table des matières

Lorsque la nostalgie me prend

Lorsque la nostalgie me prend
Je pleure toutes les larmes de mon corps
Parce que je repense à la liberté
Que j'avais lorsque j'étais avec toi

Lorsque la nostalgie me prend
J'ai mal au plus profond de mes tripes
Et je pleure les jours anciens
Lorsque mon âme était en sécurité
Auprès de toi

Lorsque la nostalgie me prend
Je suis triste au plus profond de moi
Et je pense à la sécurité
Que j'avais dans tes bras
Et l'amour que tu étais la seule
A me donner
Même lorsque je ne le méritais pas

Lorsque la nostalgie me prend
Je regrette d'avoir été nul avec toi
Et j'enrage
Car je sais que tu ne reviendras pas

Et que je passerai le reste de ma vie
A pleurer la mort
De notre bel amour.

Montmorency, le 05 janvier 2019

Ta présence et ton absence

Tu fus ma première tentation
Mais, la première fois
Je n'ai pas voulu te prendre
Ta présence me suffisait

Tu es ma dernière tentation
Et j'aimerais bien te prendre
Pour la dernière fois
Car ton absence me tuera.

La seule dans cette posture-là

J'aime jeter des messages dans la nature
Comme on jette une bouteille à la mer
Et chaque message est un désir
Que je veux que tu partages
Et lorsque je reçois en échange
Ce puissant message d'amour
Qui m'apporte une telle charge érotique
Je me dis
Que tu es la seule
Qui dans cette posture-là
Est capable de produire cette décharge
Qui me libère du fiel et de l'ordinaire
Tu es la seule
Qui dans cette posture-là
Est capable de produire cette décharge
Qui me libère d'hier et de moi-même.

La renonciation

Tu l'attendais
Mais je ne l'ai pas fait
Même si cela te déplaît

Tu l'attendais
Mais je ne l'ai pas fait
Pour ne pas rouvrir les plaies

Tu l'attendras longtemps
Car je ne le ferai jamais
Pour garder le meilleur de toi
Dans l'espace sacré
Réservé à ceux et celles que j'aime.

On est dimanche

On est dimanche
On a chanté mon libera
On m'a donné l'extrême onction
Il ne me reste qu'un seul droit
Enfin t'avouer ma passion

On est dimanche
Tous les hypocrites seront là
Mais, je ne veux pas de toi
Sous le chêne des pleurs
Car tu n'as pas su comprendre
Que j'avais besoin de toi
Avant de me pendre
Car tu n'as pas su comprendre
Que le Rossignol doit chanter pour quelqu'un
Avant de se laisser mourir
Je voulais chanter pour toi
Mais la beauté t'a fuie
Je voulais chanter avec toi
Mais tu t'es noyée dans ta boue

On est dimanche
J'avais peur
Que tu ne sois pas à la hauteur
J'ai gagné mon pari

On est dimanche
Je t'ai appelée

Ton silence m'a assommé

On est dimanche
Je ne garderai de toi
Que ce message qui ne viendra jamais
Ce téléphone qui ne sonnera plus
Et tes fausses larmes
Lorsque tu avais besoin de tendresse
Et de caresses pour chasser ta tristesse
Toujours prendre sans jamais rendre
Et toujours te mettre dans une posture d'imposture
Pour voler un amour que tu ne mérites pas
Et toujours forcer à avoir contre toi
Des sentiments qu'on n'a pas
Te haïr pour ne rien t'avouer
De l'amour profond que j'ai pour toi

On est dimanche
J'accepte donc le libera
Et je demande au ciel
Une deuxième dose d'extrême onction
Pour m'endormir
Afin de ne jamais vivre
Sous le même soleil que toi.

En couleur comme en noir et blanc

Je te savais sublime en noir
Je ne te savais pas irrésistible en orange
Je te savais désirable en rouge
Je ne te savais pas pénétrable en blanc
Je te savais coquine et démoniaque en vert
Je ne te savais pas aphrodisiaque en bleu
Et finalement
En couleur
Comme en noir et blanc
Tu me plais !

Viens dans mon rêve

Nous sommes seuls dans la vie
Alors, viens dans mon rêve
On sera heureux tous les deux
On fera la fête
Et comme les oiseaux
On se réchauffera l'un l'autre
Et on se donnera des coups de becs en cachette
Pour oublier les souffrances de la vie.

Les promesses d'amour ne durent pas

Les promesses d'amour ne durent pas
Si nous avions mangé la pomme
Tu m'aurais abandonné un beau matin
Et je serais mort de chagrin

Les promesses d'amour ne durent pas
Et le serpent sera toujours là
Pour te siffler de mauvaises pensées
Dans la vie comme dans mes rêves

Les promesses d'amour ne durent pas
Mais, comme nous n'avions pas mangé la pomme
Je me lève tous les matins
Avec le même amour pour toi

Les promesses d'amour ne durent pas
Mais notre amitié est éternelle
Et on prendra un dessert pour deux
Qu'on mangera comme deux amoureux !

Déception

Je n'écris que des poèmes que les initiés peuvent
comprendre
Et je te revois toujours en bas de l'escalier
Tandis que je me revois toujours en haut
Je n'écris que des poèmes que les initiés peuvent
comprendre
Et tu montes en courant
Et je descends en courant
Je n'écris que des poèmes que les initiés peuvent
comprendre
Et tu te jettes dans mes bras
Et je ne te rejette pas
Je n'écris que des poèmes que les initiés peuvent
comprendre
Je te soulève et te pose sur la table
Et tu me déshabilles en un éclair
Je n'écris que des poèmes que les initiés peuvent
comprendre
Je te pénètre de toutes mes forces
Je n'écris que des poèmes que les initiés peuvent
comprendre
Et le réveil sonne
Pour me sortir du rêve
Et me rappeler qu'hier soir
Tu n'étais pas dans mon lit.

Dis-moi ce que tu fais sans moi

Dis-moi ce que tu fais sans moi
Lorsque tu es seule dans le noir
Écoutes-tu le son de la nuit
Ou le son de la pluie ?
Inventes-tu le son de ma voix
Ou inventes-tu mon souffle
Pour te sentir en sécurité ?

Dis-moi ce que tu fais sans moi
Lorsque tu es seule dans le noir
Et que minuit sonne
Le temps des étreintes
Le temps du corps à corps
Dans un lit pas assez grand
Pour ceux qui s'aiment intensément
Et qui baisent énergiquement
Pour couvrir le son des violons.

Pars et laisse-moi ton coeur

La gloire ramène la tristesse
La célébrité ramène la mort
La lumière conduit aux ténèbres du chagrin
De la solitude
Et de la décrépitude
Alors, pars, si tu veux
Mais, laisse-moi ton cœur !

Je me souviendrai de toi

Un jour, j'aimerais t'entendre me chanter du Jeanne
Manson
Je me dirai que c'est fini
Mais, je saurai que j'ai compté pur toi
Alors, même si les souvenirs physiques ne valent rien
Je te ferai l'amour
Pour que tu te souviennes de moi
Alors, même si les souvenirs physiques ne valent rien
Je te ferai l'amour
Pour me souvenir de toi
Et lorsque le ciel sera noir
Je me souviendrai de toi
Et les soirs d'éclipse
Je me souviendrai de toi
Et les jours de pluie
Je me souviendrai de toi
Et les nuits de peine
Je me souviendrai de toi
Et les soirs de pleine de lune
Je me souviendrai de toi
Et les soirs d'hiver
Je me souviendrai de toi
Et les dimanches de tristesse
Je me souviendrai de toi
Et lorsqu'il ne me restera rien que des souvenirs
Même si les souvenirs physiques ne valent rien
Je me souviendrai encore de toi.

Mes rêves les plus beaux

Mes rêves les plus beaux
Sont ceux que je fais en ta présence
Mes rêves les plus beaux
Sont ceux où je te prends dans mes bras
Mes rêves les plus beaux
Sont ceux où je te dis des mots doux
Aux creux de l'oreille
Mes rêves les plus beaux
Sont ceux que je ferai à l'heure magique de l'amour
Où je te dirai des choses
Que je ne dis qu'à toi
Mes rêves les plus beaux
Sont ceux que je ferai au seuil tragique de la mort
Où je te dirai des choses
Que je ne dis qu'à toi
Et que les autres ne peuvent pas comprendre.

Je suis désolé

Je suis désolé
Je n'ai jamais trouvé le bonheur
Dans les chants des gens heureux
Je suis désolé
Je n'ai jamais trouvé le bonheur
Dans le lit des femmes de passage
Je suis désolé
Je n'ai jamais trouvé la joie
Dans les amusements des fils à papa
Je suis désolé
Je n'ai jamais trouvé la fille
Qui me ferait dire ce que je n'ai jamais dit qu'à toi
Je suis désolé
Je n'ai jamais trouvé la fille
Qui me ferait bander plus que toi
Je suis désolé
Je n'ai jamais trouvé la fille
Qui me ferait envisager la vie sans toi
Je suis désolé
Je ne me sens bien qu'avec toi
Je ne peux rien te dire de mieux
Je suis désolé !

Je me laisserai mourir

Tu ne connais pas la puissance du chagrin
Moi, je suis un mandarin
Je connais le sens
Et le prix du silence
Je ne t'enverrai aucun pigeon voyageur
Pour te parler de mes douleurs
Je ne jetterai aucune bouteille à la mer
Pour te reprocher ton cœur de pierre
Je me replierai dans mon monastère
Et me laisserai mourir loin de la lumière
Tu ne connais pas la puissance du chagrin
Moi, je suis un mandarin
Je connais le sens
Et le prix du silence
Le dimanche, je te laisserai tranquille
Dans ta famille
Où tu t'exiles
Pour jouer la gentille
Mais, ne t'inquiète pas
Ma Sarah !
Je connais le sens
Et le prix du silence
Je ne jetterai aucune bouteille à la mer
Pour te reprocher ton cœur de pierre
Je me replierai dans mon monastère
Et me laisserai mourir loin de la lumière.

Montmorency, 17 janvier 2019

Ni par la violence, ni par la force

Ni par la puissance, ni par la force
Mais par le Verbe, mon amour
Parle-moi et je te parlerai
Ni par la ruse, ni par la force
Mais par le Verbe, mon amour
Séduis-moi et je te séduirai
Ni par la violence, ni par la force
Mais par le Verbe, mon amour
Donne-toi à moi et je me donnerai à toi
Ni par la haine, ni par la force
Mais par le Verbe, mon amour
Aime-moi et je t'aimerai.

J'accepte de te perdre

Je suis retourné en pèlerinage
Sur tous les lieux
Qui ont gardé une trace de nous
J'ai compris la vanité des quêtes sensorielles
Et de l'impossible retour des plaisirs du passé
Alors, j'accepte de te perdre
Toi que j'ai tant désirée
Et comme prévu par l'implacable destin
J'aurai la place qui est la mienne dans ton cœur
J'accepte de te perdre
Pour garder en souvenir
Ce que j'ai trouvé de mieux en toi
J'accepte de te perdre
Pour poursuivre mon chemin
Et me relever après mes chutes
J'accepte de te perdre
Parce que je ne t'ai pas aimée pour ta beauté
Mais parce que tu es
Ce qui m'est arrivé de mieux dans la vie
Et parce que nulle autre
Ne sera ce que tu es pour moi
J'accepte de te perdre
Sans rien demander en retour
J'accepte de te perdre
Pour la pureté de ce que nous sommes l'un pour l'autre
Lune et Soleil
Nord et Sud
Est et Ouest

Le chaud et le froid
Toi pour moi
Moi pour toi
Toi contre moi
Moi contre toi
Je serai toujours en face
Même lorsque tu m'auras tourné le dos
Tu seras toujours en face
Même lorsque je t'aurai tourné le dos
Puisque je sais pourquoi je t'ai choisie
Et puisque tout est dit
Dans nos silences lourds
Puisque tu me fais autant de bien
Que de mal qu'un mirage
Il m'a fallu du temps
Laisser passer l'orage
M'armer de courage
J'accepte de tourner la page
J'accepte de te perdre.

Le dialogue coquin des amants d'autrefois

L'amant.-

Chaque fois que j'entends cette musique
Je me souviens où
Et je me souviens quand
Il m'a fallu changer de dimension
Pour réaliser ce que tu fus pour moi
Chaque fois que j'entends cette musique
J'ai envie de jouer au piano sur tes jambes

Chaque fois que je te vois dans cette position
Je me souviens où
Et je me souviens quand
Il m'a fallu changer de dimension
Pour réaliser ce que tu fus pour moi
Chaque fois que j'entends cette musique
J'ai envie de jouer au piano sur tes cuisses

Chaque fois que je te vois dans cette position
Je me souviens où
Et je me souviens quand
Il m'a fallu changer de dimension
Pour réaliser ce que tu fus pour moi
Chaque fois que j'entends cette musique
J'ai envie de jouer au piano sur ton mont de Vénus

L'amante.-

Pourquoi vas-tu si loin
Et néglige tant les coins ?
Reviens donc en arrière
Exauce donc mes prières
J'aimerais bien que tu joues au piano dans ma grotte
profonde

L'amant.-

Chaque fois que je te vois dans cette position
Je me souviens où
Et je me souviens quand
Il m'a fallu changer de dimension
Pour réaliser ce que tu fus pour moi
Et puisque tu me le demandes
Je jouerai bien au piano dans ta grotte profonde

L'amante. –

Et l'on m'entendra jouer les onomatopées
Des amants d'autrefois

L'amant.-

Et je te dirai à l'oreille
Les secrets des amants d'autrefois
Mais le rêve est une illusion

L'amante.-

Et l'on m'entendra jouir
Au fin fond du monde
Mais le rêve est une illusion

Les deux.-

Chaque fois que j'entends cette musique
Je me souviens où
Et je me souviens quand
Mais le rêve n'est qu'une illusion.

SMS à ma D

D ma D !
Ne dis à personne que tu fus de ma saison D
Et qu'après toi
J'ai passé des jours et des nuits à pleurer
Ne dis à personne que tu fus de ma saison D
Et qu'après toi
J'ai passé ma vie à déprimer
Et que j'ai gardé dans mes yeux
La tristesse des jours sans toi
Et que j'ai gardé dans mon corps
La douleur de t'avoir perdue
Et que j'ai gardé dans mon cœur
Le poids insupportable de ton absence

Ne dis à personne que tu fus de ma saison D
Et que malgré l'absence
Tu restes ma D
Une D que rien ne vaut
Une D que j'aime malgré ce qu'elle est
Malgré ce qu'on en dit
Malgré ce que j'ai subi
Et même si tu as oublié le jour de ma naissance
Tu fus mon premier fantasme et ma dernière tentation
Tu restes la folie de ma saison D
Et tu restes ma D
Mais, ne le dis à personne, D ma D !

C'est la dernière fois que je te le dis

Je me moque de ta beauté
Qui passera comme passent
Les plus belles choses du monde
Quand la crasse profonde
Décide d'ensevelir les corps les plus sublimes
Je me moque des petites minutes de jouissance
Que tu pourrais me donner
Car en un clin d'œil
J'aurai oublié le petit plaisir
Dont tu m'auras gratifié
Je me moquerai de tout
Si après avoir eu le superficiel
Je peux garder l'essentiel : toi !

C'est la dernière fois
Que je te le dis
Je suis la chance qui passe
Dans ta pauvre vie
Donne-moi une chance
Je t'en prie
Je me moquerai de tout
Si après avoir eu le superficiel
Je peux garder l'essentiel : toi !
C'est la dernière fois
Que je te le dis.

Montmorency, le 20 mars 2019

37

SMS à la femme en A

Au petit matin
Tu viendras
Te perdre dans mes bras
Pour me parler de toi
Et faire de moi ton roi
Au petit matin
Je ne me réveillerai pas
Car tu ne seras plus là
Et il me restera
Ce moment fort partagé
Avec toi
Au moment où les amoureux se trompent déjà
Au moment où les corps deviennent froids
Comme tu ne seras plus là
Je ne me réveillerai pas
A, A, A mon amour
A pour toujours
A, A, j'adore la femme en A

Au petit matin
Tu viendras
Te perdre dans mes draps
Pour me donner le meilleur de toi
Et faire de moi ton roi
Au petit matin
Je ne me réveillerai pas
Car tu ne seras plus là
Et il me restera
Ce moment fort partagé
Avec toi

Au moment où la lune s'en va
Au moment où le soleil devient le roi
Comme tu ne seras plus là
Je ne me réveillerai pas
A, A, A mon amour
A pour toujours
A, A, j'adore la femme en A

Au petit matin
Je ne me réveillerai pas
Remords !
Au petit matin
Je ne me réveillerai pas
Regrets !
Au petit matin
Je ne me réveillerai pas
Déception !
Et juste pour ce baiser
Je voudrais que ce rêve inespéré
Dure toute une éternité
Illusions !
Mais au petit matin
Comme tu ne seras plus là
Je ne me réveillerai pas
A, A, A mon amour
A pour toujours
A, A, j'adore la femme en A.

Montmorency, 12 mars 2019

Provocations en sol majeur

On s'est parlé hier soir
Et ce matin les oiseaux ont chanté
Beauté !
On s'est parlé hier soir
Et ce soir nous serons réconciliés
Reliés !
Et nous nous comprendrons
A travers nos points de suspension
Passion !
Et demain nous nous aimerons
Au-delà des points de suspension
Excitation !
Et demain nous nous aimerons
Malgré nos points de suspension
Fornication !

Je n'ai donc plus rien d'autre à dire

Hier, je t'ai peut-être vue
Pour la dernière fois de ma vie
Et c'est en te disant adieu
Que j'ai compris
Qu'on se détache très vite de nos liens
Qu'on tourne le dos très vite à ce qu'on a désiré
Et toutes tes questions resteront sans réponse
Car je ne t'adresserai aucun message personnel
Je t'ai déjà dit que je t'aime
Je n'ai donc plus rien d'autre à dire
Plus rien d'autre à dire !

Hier, je t'ai peut-être parlée
Pour la dernière fois de ma vie
Et c'est en te disant adieu
Que j'ai compris
Qu'on oublie très vite les plus fortes étreintes
Qu'on tourne très vite les pages
Des plus belles histoires
Et toutes tes questions resteront sans réponse
Car je ne t'adresserai plus aucun message personnel
Je t'ai déjà dit que je t'aime
Je n'ai donc plus rien d'autre à dire
Plus rien d'autre à dire !

Hier je t'ai peut-être aimée
Pour la dernière fois de ma vie

C'est en te disant adieu
Que j'ai compris
Qu'on se lasse très vite de nos petites conquêtes
Qu'on déteste très vite ce qu'on a aimé
Et toutes tes questions resteront sans réponse
Car je ne t'adresserai plus aucun message personnel
Je t'ai déjà dit que je t'aime
Je n'ai donc plus rien d'autre à dire
Plus rien d'autre à dire !

Malgré tout, je t'aime, je te l'avoue

Tu m'as dit que tu aimerais bien
Que l'on recommence à faire des choses
Mais le temps a mangé le temps
Je n'ai jamais rien vu
Tu m'as dit
Tu m'as promis
Mais tu ne crains pas le dédit
Et comme tu n'as plus de crédit
Tu m'as dit
Tu m'as promis
Mais je n'ai jamais rien vu
Mais, malgré tout
Je t'aime, je te l'avoue
Je te veux du bien
Toi, tu me veux du mal
Mais, malgré tout
Je t'aime, je te l'avoue

Tu m'as dit que tu me tiendras au courant
Pour qu'on se retrouve tous les deux
Mais ta promesse c'était du vent
Tu ne m'as jamais rien dit
Tu m'as dit
Tu m'as promis
Mais tu ne crains pas le discrédit
Car ta parole n'a pas de prix
Tu m'as dit
Tu m'as promis
Mais je n'ai jamais rien vu

Mais, malgré tout
Je t'aime, je te l'avoue
Je te veux du bien
Toi, tu me veux du mal
Mais, malgré tout
Je t'aime, je te l'avoue

Si tu ne m'avais pas menti
Tu aurais eu la belle vie
Tu aurais ton beau et grand château
Au lieu de vivre avec des regrets
Dans un tout petit palais
Tu m'as dit
Tu m'as promis
Mais toute ta vie
Tu as menti
Tu m'as dit
Tu m'as promis
Mais je n'ai jamais rien vu
Mais, malgré tout
Je t'aime, je te l'avoue
Je te veux du bien
Toi, tu me veux du mal
Mais, malgré tout
Je t'aime, je te l'avoue.

On peut se dire vous

Par-delà le bien et le mal
Par-delà l'amour et la haine
Par-delà la vie et la mort
Par-delà le jour et la nuit
Par-delà la présence
Et par-delà l'absence
On peut se dire vous
Après avoir tiré un coup

Par-delà le blanc et le noir
Par-delà le mensonge et la vérité
Par-delà les ténèbres et la lumière
Par-delà le tout et le rien
Par-delà la présence
Et par-delà l'absence
On peut se dire vous
Après avoir tiré un coup

Par-delà le plein et le vide
Par-delà l'amitié et l'adversité
Par-delà le silence et les cris
Par-delà la profondeur et la surface
Par-delà la révérence
Et par-delà l'irrévérence
On peut se dire vous
Après avoir tiré un coup.

Oublie vite que je t'ai aimée

Puisque mes mots se sont perdus
Dans le désert de ton cœur
Inutile de me tenir au courant, chérie
Efface-moi,
Efface-moi vite de ta vie
Puisque mes mots se sont perdus
Dans le désert de ton cœur
Oublie vite
Oublie vite le petit désir honteux
Que j'ai eu pour toi
Car il a expiré depuis dimanche dernier
Puisque mes mots se sont perdus
Dans le désert de ton cœur
Oublie vite
Oublie vite que je t'ai aimée.

Réveille-toi Sarah

En ce temps-là
Tu siégeas
Sous le palmier
Pour me faire lapider
J'ai beau hurler
J'ai beau crier
Je n'ai pas obtenu justice
Tu as commis le sacrifice
Et tu as pris un pseudonyme
Pour me dire d'aller au diable

J'irai si tu viens avec moi
Sinon, je n'irai pas
Réveille-toi, ma Sarah
Fais face et ne fuis pas
Malgré ce qu'on dit sur toi
Je t'aime et tu comptes pour moi

En ce temps-là
Souviens-toi
J'étais à tes côtés
Prêt à mener le combat
Prêt à terrasser Sisera
Je n'attendais que ton chant
Pour guider mes bras
Ton cœur s'est fermé
Tu as pris un pseudonyme

47

Et tu m'as dit d'aller au diable

J'irai si tu viens avec moi
Sinon, je n'irai pas
Réveille-toi, ma Sarah
Fais face et ne fuis pas
Malgré ce qu'on dit sur toi
Je t'aime et tu comptes pour moi.

Montmorency, avril 2019

Le bleu d'Haïti

Le bleu d'Haïti
C'est lorsque tes parents ne sont pas là
Et que tu te sauves pour venir chez moi
Le bleu d'Haïti
C'est lorsque les loups-garous ne se réunissent pas
Pour laisser chacun faire la cour à sa chacune
Les soirs de pleine lune
Le bleu d'Haïti
C'est le bleu de l'ancien paradis
Le bleu des jours sans politique
Et des samedis de pique-nique
A l'abri des gangs diaboliques
Et je dis bleu pour ne pas t'oublier
Et je dis bleu avec les yeux tout mouillés
Et je dis bleu pour chasser la laideur du présent
Et je dis bleu en souvenir du passé
Et je dis bleu pour le futur, avec toi

Le bleu d'Haïti
C'est lorsque tu es dans mes bras
Le bleu d'Haïti
C'est lorsque ta mère te gronde à cause de moi
Et que tu m'aimes encore plus
Le bleu d'Haïti
C'est le bleu de jadis
Le bleu des vendredis après-midi
Et des dimanches midi
A l'abri du regard des aigris
Et je dis bleu pour ne pas t'oublier

Et je dis bleu avec les yeux tout mouillés
Et je dis bleu pour chasser la laideur du présent
Et je dis bleu en souvenir du passé
Et je dis bleu pour le futur, avec toi

Ce que nous sommes l'un pour l'autre

Ce que nous sommes l'un pour l'autre
Ne regarde ni les dieux ni les hommes
Tout ce que je sais
C'est que comme les mots ne valent rien
Sans la musique
Ma vie ne vaut rien
Sans ta présence métaphysique
Et nos mots secrets
Nous diront ce que nous sommes l'un pour l'autre
Et nos échanges secrets
Dans nos conversations télépathiques
Nous diront ce que nous sommes l'un pour l'autre
Et mes désirs secrets de défier le temps
Pour gagner un jour
Gagner un mois ou une éternité
Pour être avec toi
Te feront penser à moi
Comme je pense à toi
Et ce à quoi nous avons pensé
Ne regarde ni les dieux ni les hommes
Parce que nous sommes l'un pour l'autre
Ce que le jour est la nuit
Ce que le visible est à l'invisible
Ce que les ténèbres sont à la Lumière
Et ce que nous sommes l'un pour l'autre
Ne regarde que nous.

Pour tes beaux seins

Pour tes beaux seins
Je ferai la guerre à tous mes concurrents
Et mordrai jusqu'au sang
Quiconque osera se rapprocher de toi
Que je recherche jour et nuit
Et dont le souvenir occupe toutes mes pensées

Pour tes beaux seins
Je bannirai de ta vie
Cette fille démoniaque que j'ai vue faire la police
Dans ton soutien-gorge
Par peur que tu ne l'éclipses
Alors que tu avais déjà pris sa place
Dans mon coeur

Pour tes beaux seins
Je ferai la cour aux Naïades
Pour qu'elles m'emmènent
A la source où tu prends ton bain
Pour admirer l'objet de mes désirs

Pour tes beaux seins
Je défierai le diable
Et le persécuterai sans répit
Le jour de la Sainte Sophie
Pour qu'il ne touche pas à ce qui m'appartient

Pour tes beaux seins
Je coucherai avec Lilith

Pour l'empêcher de ramper
Jusqu'à ton lit
Pour t'infliger le baiser mortel

Pour tes beaux seins
Je veux bien rejoindre les anges déchus
Et m'habiller en jaune
En plein Vendredi Saint

Pour tes beaux seins
Je demanderai bien à Dieu
De m'enlever quelques jours
Sur le peu de temps qui me reste à vivre
En échange de l'allégresse qui remplira mon cœur
Quand j'aurai tes deux beaux seins
Entre mes deux mains

Mot pour mot
Verbe pour verbe
Qui ne donne rien n'a rien
Moi, je donne tout
Pour tes beaux seins.

Paris, 29 mai 2019

Je ne sais pas comment vivre sans toi

Tous les jours
Je pense avoir écrit le poème qui me guérira de toi
Mais tous les jours je replonge
Avec le même mal de toi
Et la même peine au cœur
Tous les jours
Je demande à Dieu
De me délivrer de ce mal
De m'autoriser à te haïr
Un tout petit instant
Pour faire illusion
Mais tous les jours se ressemblent
Et au lieu de guérir
Je t'aime encore plus
Je replonge dans la mélancolie
Et je fuis tous mes devoirs
Ô, j'ai beau prier le bon Dieu
Pour qu'il me fasse échouer
Pour qu'il me fasse tomber dans la misère
Et que le chagrin me tue
Car je ne sais plus vivre
Depuis que je t'ai perdue
Mais, j'ai beau supplié Dieu
J'ai beau t'écrire des poèmes de haine
Pour cacher ma douleur
Tous les jours je replonge

Car je ne sais pas
Comment vivre sans toi
Ni comment vivre sans t'aimer.

Alpha 69

Je me souviens qu'un soir de pleine lune
On s'est retrouvés
A l'extrémité du triangle 69
Pour explorer toutes les possibilités d'Alpha
Et à fronts renversés
Nous avons revu la géométrie
Des choses cachées
Je t'ai fait perdre le Nord
Tu m'as fait perdre le sens de la mesure
Et nous avons écarté les voiles 10 et 9
Pour accéder enfin au cœur du triangle 69
Qui aimante, aimante et aimante encore nos bouches
Et je t'ai fait hurler de plaisir
Et tu m'as fait bramer dans la nuit
Comme si Alpha
N'appartenait qu'à nous deux
Pour des 69 fougueux
Faits de montées et de descentes
Par 39 degrés Celsius
A minuit 09
En Alpha 69

En remontant le temps

En remontant le temps
Je t'imagine en porte-jarretelle
Tout en finesse et en dentelles
En remontant le temps
Je t'imagine en tulle
A manier avec finesse et délicatesse
En remontant le temps
Je t'imagine insaisissable
Capable de tenter le diable
En m'obligeant à m'attarder avec tendresse
Sur tes atouts de belle princesse
En remontant le temps
Je t'imagine en coton éthéré
Pour le plaisir de faire pousser mes ailes
En remontant le temps
Je me vois bousculer les conventions sociales
Pour te conquérir et te faire jouir
Sur cinquante nuances de jaune
En remontant le temps
Je t'entends gémir sous mes caresses
Et me demander d'investir la grotte majestueuse
Pour te faire monter entre ciel et terre
Et te faire mourir de plaisir
Sur cinquante nuances de jaune

Pour les femmes de mon pays et les femmes du monde

Lorsque le soleil descend à l'horizon
Je me place à l'Orient
Et je fais face
A la beauté du monde
Et les mots qui me viennent
Me parlent d'amour
Pour les femmes de mon pays
Et les femmes du monde

Lorsque le soleil descend à l'horizon
Je me place à l'Orient
Je ferme les yeux
Et j'ouvre mon coeur
Pour demander à Dieu la permission
De faire l'aller retour
Pour les femmes de mon pays
Et les femmes du monde.

Mes fleurs et mes vers

Puisque les sons
Les plus profonds
Viennent toujours du fond
Pour nous toucher le cœur
Et nous apporter le bonheur
Toutes les fleurs que j'ai cueillies
Dans les eaux les plus profondes
Je les donne aux femmes du monde
Et aux femmes de mon pays

Puisque les sons
Les plus profonds
Viennent toujours du fond
Pour nous toucher le cœur
Et nous apporter le bonheur
Tous les vers que j'ai polis
Dans mes douleurs les plus fécondes
Je les dédie aux femmes du monde
Et aux femmes de mon pays

Une fois ne suffit pas

Une fois ne suffit pas
C'est pour cela que je rêve de toi jour et nuit
Une fois ne suffit pas
C'est pour cela que j'aimerais
Encore une fois, une dernière fois
Goûter à tes lèvres voluptueuses
Pour me rappeler le goût d'hier
Et le goût de ta bouche
Les soirs des grandes réconciliations
Et le goût brûlant de ta bouche, après la pluie
Et le goût frais de ta bouche, les jours de canicule
Et le goût étrange de ta bouche
Quand tu reviens de voyage
Et le goût de ta bouche
Après quarante jours et quarante nuits de rupture
Et le goût voluptueux de ta bouche après l'orgasme
Une fois ne suffit pas
C'est pour cela que j'aimerais
Que tu me pinces à nouveau la cuisse
Pour sidérer mes autres prétendantes
Et leur signifier que tu as déjà marqué ton territoire
Une fois ne suffit pas
Encore une fois, une dernière fois
Je voudrais que tu refermes ma main
Entre tes belles cuisses
Pour m'apprendre la patience

Par un simple regard
Une fois ne suffit pas
Et comme je ne tiendrai pas avec des souvenirs
Il faut que tu reviennes
Pour ramener la Lumière dans ma vie.

Montmorency, juillet 2019

Tu ne me reverras plus !

Je suis venu pour toi
Et tu ne m'as pas vu
Car on ne voit que ce que l'on veut voir
Je suis venu pour toi
Et tu ne m'as pas vu
Alors qu'avant mon odeur te suffisait
Vingt fois tu es passée
Vingt fois tu m'as ignoré
Vingt fois j'ai cherché en vain ton regard
Vingt fois ton regard a fui
Et tu dis que tu ne m'as pas vu ?
Comme s'il était besoin de traduire
Ce que ton corps m'a dit
Comme s'il était besoin de dire
Ce que tout le monde a compris
Comme s'il était besoin de dire
Que la rupture est consommée
Comme s'il était besoin de dire
Que ton cœur ne bat plus pour moi
Je suis venu pour toi
Mais tu ne m'as pas vu
J'arrête donc d'y croire
Tu ne me reverras plus !

Paris, juillet 2019

62

Je déteste les dimanches

Je déteste les dimanches qui se suivent et se ressemblent
Pour me rappeler la malchance
Que j'ai de t'aimer
Je déteste les dimanches qui me ramènent
Toujours la même peine
Et chaque dimanche
Lorsque le soleil est à l'Ouest
Je sais que je passerai
Un soir de plus sans toi
Un soir de plus sans voir ta face
Car un autre a pris ma place
Et je déteste les dimanches
Qui me rappellent que tu existes encore
Et que tu m'ignores
Et je déteste les dimanches
Qui me rappellent que tu ignores
Que j'existe encore.

Je ne t'ai jamais vue en peine

Je ne t'ai jamais vue en peine
Tu ne dois pas connaître
Les tourments de l'amour
Quand ton double t'abandonne
Je ne t'ai jamais vue en peine
Tu ne dois pas connaître
Les douleurs de l'absence
Quand ton amour te manque
Je ne t'ai jamais vue en peine
Tu ne dois pas connaître
Les dures blessures de l'âme
Quand on te dit
Que l'on te quitte
Et que tu réalises
Que l'amour est bien mort

Montmorency, 28 juillet 2019

L'extase de la rechute

Je pensais avoir guéri de toi
Mais, il m'a suffi de te revoir
Il m'a suffi de te caresser du regard
Il m'a suffi de t'entendre
Il m'a suffi de te sentir
Il m'a suffi de goûter, à nouveau, à nos souvenirs
Pour que tu reprennes ta place
Je pensais avoir guéri de toi
Mais grâce à toi
Je connais l'extase de la rechute

Vade retro Angélique !

Je suis tenté par la direction que tu m'indiques
Même si je l'imagine maléfique
Comme toi !
Même si je l'imagine satanique
Comme toi !
Même si je l'imagine diabolique
Comme toi !
Et pourtant, au réveil
Et dans mon sommeil
Tu me hantes, et me tentes
Avec tes seins
Tu me hantes !
Avec tes coups de reins
Tu me tentes !
Pour me faire oublier la déchirure
Pour me faire tomber dans la luxure
Mais je résiste
Même si tu insistes
Je résiste !
Même si tu deviens triste
Je résiste !
Car je sais que tu séduis
Pour rejeter après avoir joui
Je suis tenté par la direction que tu m'indiques
Même si je l'imagine maléfique
Comme toi !
Même si je l'imagine satanique
Comme toi !

Même si je l'imagine diabolique
Comme toi !
Alors, face à ta charge érotique
Je dis *Vade retro* Angélique !
Mais, tu es tellement magnifique
Que même lorsque je ferme les yeux
Pour faire semblant d'avoir déjà vu mieux
Je prie le ciel
Pour que tu gardes l'essentiel
De tes belles dentelles
Pour que tu me hantes
Et me tentes
Même lorsque je te dis : *Vade retro*, Angélique !

Montmorency, 24 août 2019

Grâce à toi, en toi et avec toi

Les femmes que j'aime
Regardent toujours à droite
Toi, tu regardes à gauche
Mais tu me plais quand même
Les femmes que j'aime
Préfèrent la soie blanche
Toi, tu préfères la soie noire
Bien serrée à la hanche
Mais tu me plais quand même
Et lorsque tu te cambres
En me défiant du regard
Je demande à Dieu
Et à Dieu seul
Un destin d'ange déchu
Pour sombrer dans le péché
Et finir dans les flammes
Pour un moment d'extase
Grâce à toi, en toi et avec toi !

Excuse-moi

Excuse-moi, je devais te faire un retour
Je devais même te faire la cour
Dans le bel espoir de te faire l'amour
Et de t'aimer pour toujours
Mais à chaque fois j'ai fait autre chose
Excuse-moi, je ne t'ai pas oubliée
Ni oublier mes belles promesses
Depuis que tes mots m'ont retourné
Depuis que ton désir m'a emporté
Mais à chaque fois la vie m'a fait fuir
Loin de tes yeux
Et loin de ton coeur
Excuse-moi, je ne t'écris que maintenant
Pour te demander de revenir dans ma vie
J'ai besoin de ton attention
J'ai besoin de ta passion
Il te suffit de me dire quand
Il te suffit de me dire où
Il te suffit de me dire ce que tu veux
Je serai au rendez-vous
Pour voir l'intensité du feu
Et me mettre enfin à jouer le jeu
Moi qui suis toujours dépassé
Par la vie et par les événements
Excuse-moi, je suis désolé
Malgré les moments forts qu'on a partagés

Je n'ai pas su te conquérir
Mais j'aimerais tout recommencer
Retourner là où tu m'as donné ta confiance
Là où j'aurais dû t'enlever
Là où je t'ai vue belle, impériale et désirable

Montmorency, 10 septembre 2019

Par téléphone

Les temps ont changé
On ne fait plus rien par téléphone
La banalité a pris le pouvoir dans les têtes
Il suffit de rien pour qu'on se donne
Les temps ont changé
Plus besoin de se parler
Plus besoin de s'imaginer
Il suffit de faire allusion
Et tout est à prendre

Je t'en prie chérie
On n'a qu'une vie
Prenons le temps
De remonter le temps
Prenons le temps
De faire autrement
Eux, c'est le lit
Nous, c'est le téléphone

Les temps ont changé
On ne fait plus rien par téléphone
L'amour n'est plus ce qu'il était
On donne même ce qui n'est pas demandé
Les temps ont changé
Plus besoin de se draguer
Plus besoin de s'exciter
Quitte à briser les illusions
Et pousser à la pendaison

Les chagrins ne se partagent pas ici-bas

Les chagrins ne se partagent pas ici-bas
Alors on s'enterre pour cacher ses peines
Peines d'amitié et peines d'amour
Blessures de l'âme plus douloureuses
Que les deuils les plus cruels
Les chagrins ne se partagent pas ici-bas
Alors on s'enterre et on dit adieu au monde
Qu'on abandonne à ceux qui simulent le bonheur
Malgré la tristesse de leur vie
Faite de trahison et de coups bas
Les chagrins ne se partagent pas ici-bas
Je serai toujours là pour toi
Tu ne seras jamais là pour moi
Dès que je chuterai
Tu reprendras tes promesses
Tu me remercieras en t'affichant avec quelqu'un d'autre
Comme si tu méritais ma jalousie
Les chagrins ne se partagent pas ici-bas
Alors on garde ses larmes et ses peines
Peines d'amitié et peines d'amour
Blessures de l'âme plus douloureuses
Que les deuils les plus cruels
Blessures de l'âme plus douloureuses
Que les chagrins d'amour que l'on s'inflige
Blessures de l'âme plus douloureuses
Que les interdictions d'aimer que l'on s'impose

En réponse à ton silence

En réponse à ton silence
Aussi lâche qu'une fuite
J'utilise mon droit de suite
Comme on saisit sa dernière chance
Pour te dire que dès l'entracte
J'avais pris acte
Qu'en échange de tout l'amour
Que je te donnerais
Je ne récolterais
Que de la haine
Et de la peine
Mais j'utilise mon droit de suite
Comme on saisit sa dernière chance
Pour te dire
Qu'avec le temps
J'apprendrai à te maudire
Et à te remplacer printemps après printemps

En réponse à ton silence
Aussi lâche qu'une fuite
J'utilise mon droit de suite
Comme on saisit sa dernière chance
Pour être honnête
Et te dire ce que j'ai dans la tête
Tu penses que tu représentes quelque chose pour moi
Et qu'il m'arrive d'avoir envie de toi
Tu penses que tes formes m'intéressent
Et tu m'imagines te couvrir de caresses

Mais comme je n'ai rien oublié
De ce que tu m'as fait dans le passé
Je te laisse prendre ton pied
En rêvant à ce que je ne te donnerai jamais
Je te laisse à tes illusions
Et je garde mes passions

En réponse à ton silence
Aussi lâche qu'une fuite
J'utilise mon droit de suite
Comme on saisit sa dernière chance
Pour te dire que j'ai toujours
L'envie de te faire l'amour
Mais j'utilise mon droit de suite
Comme on saisit sa dernière chance
Pour te dire qu'hier soir
Tu es venue me voir
Comme un succube vient s'offrir
Pour voler un instant de plaisir
Et pour te dire la vérité
Je t'ai chassée
Je veux que tu me laisses un répit
Je veux que tu sortes de ma vie

Dans ton cœur et dans ta vie

Désolé de te le dire
Mais depuis que le rideau est tombé
Je passe mon temps
A m'interdire de t'aimer
Détruit par le remords
Je vis notre séparation
Comme une condamnation à mort

Désolé de te le dire
Mais depuis que tu refuses mes appels
Je passe mon temps
À faire semblant de te haïr
Une reine connaît les mystères
De l'imposition des mains
Touche-moi
Et je serai béni
Une reine a le droit de grâce
Comme je me repens de mon abandon
Accorde-moi ton pardon
Pour que je reprenne ma place
Dans ton cœur et dans ta vie

Parce que je suis un homme

Parce que je suis un homme
J'ai de la peine
Lorsque tu ne réponds pas à mes appels
Parce que je suis un homme
J'ai le cœur dévasté
Lorsque tu feins l'ignorance
Parce que je suis un homme
C'est mon monde qui s'effondre
Lorsque tu me rejettes
Pour te donner une dignité
Que tu n'as plus à mes yeux
Mais je me dis quand même
Que tu dois beaucoup m'aimer
Pour te cacher
Lorsque je veux juste prendre de tes nouvelles
Tu dois beaucoup m'aimer
Pour te donner tant de mal
Pour me faire comprendre
Que tu ne veux plus me parler
Alors que je veux juste te dire adieu
Tu dois beaucoup m'aimer
Pour penser que je n'ai pas compris
Que le désir n'est plus partagé
Tu dois beaucoup m'aimer
Pour te donner tant de mal pour te cacher
Dans l'espoir que j'aille à ta recherche
Comme je le faisais autrefois
Pour le plaisir

De déguster tes lèvres chaudes
Tu dois beaucoup m'aimer
Pour penser que je t'aime encore
Lorsque tu me plais à peine
Mais parce que je suis un homme
J'ai de la peine
Lorsque je vois tant de parenthèses ouvertes
Sur la table de nos orgueils
Et tant de parenthèses ouvertes
Sur le lit de nos divisions
Mais si tu veux me blesser
Blesse-moi clairement
Si tu veux m'humilier fais-le simplement
Si tu veux me balancer les lourdes pierres de ton cœur
Balance-les-moi sérieusement
Si tu veux m'humilier
Humilie-moi franchement
Pour me faire franchir la ligne rouge
Dans un sens puis dans l'autre
Pour avaler ma honte
Et faire de ma tristesse un chef d'œuvre
En souvenir de toi
En souvenir du 29
En souvenir du 69

Se quitter et se retrouver

On finit toujours par se quitter
Alors, ta main quitte la mienne
Pour me signifier notre rupture
Et tu pars sans jamais te retourner
Mais, j'ai de l'imagination
Et ma passion m'aidera à entretenir mes illusions
Parce que la vie m'a appris
Que c'est d'abord le ton
Qui fait la chanson
J'ai de l'imagination
Je pourrais donc m'inventer des reines et des princesses
Qui pourraient me donner la même chose
Que je cherche en toi
Je pourrais partir au bout du monde
Pour vivre les sensations les plus profondes
Mais je préfère revenir vers toi
Car s'il existe un bonheur sur terre
C'est de toi que je l'espère
Si l'amour physique
Conduit à un bonheur métaphysique
C'est avec toi que je veux l'apprendre
C'est pour cela qu'après avoir sillonné la terre
C'est vers toi que je me retourne
Et je me bats pour me perdre en chemin
Et je me bats contre moi-même
Et je chasse de mon lit
Les filles à la beauté lunaire
Pour laisser toute la place

A toi seule ma beauté solaire
La gloire passe vite
Les étoiles brillent et meurent
On finit toujours par se quitter
Mais on finit toujours par se retrouver
Sans l'aide de ceux qui nous ont séparés
Alors, ta main s'enferme dans la mienne
Et le silence se fait
Pour nous entendre respirer
Et entendre battre nos cœurs
Et le reste qu'on gardera pour nous…

Paris, octobre 2019

Requiem pour une femme Alpha

Lorsque la brume s'installe
Les chansons tristes n'apaisent plus
Ceux qui viennent de la planète Alpha
Et qui partagent les mêmes plaisirs
Les mêmes deuils
Et les mêmes confidences

Lorsque la brume s'installe
Les mauvaises nouvelles automnales
Nous brisent le cœur
Et nous détruisent pour longtemps

Lorsque la brume s'installe
La mélancolie prend place au premier rang
Et les mots ne soulagent plus
Ceux qui viennent de la planète Alpha

Lorsque la brume s'installe
Les certitudes s'effondrent
Pour ceux qui viennent de la planète Alpha
Et les larmes qui coulent
Sont les marques de notre humanité

Lorsque la brume s'installe
Les souvenirs ne consolent plus
Ceux qui viennent de la planète Alpha
Et qui partagent les mêmes peines
Les mêmes humiliations
Et les mêmes combats

Lorsque la brume s'installe
Les cris de douleur ne calment plus
Ceux qui viennent de la planète Alpha
Et lorsque le gris dramatique domine
Derrière l'espérance lumineuse
Tout n'est que rêve et illusion
Pour ceux qui viennent de la planète Alpha

Lorsque la brume s'installe
Les plaisirs éphémères ne soulagent plus
Ceux qui viennent de la planète Alpha
Et lorsque tout est désolation
Que les appels au secours se perdent
Dans un ciel d'encre gorgé d'eau
Tout n'est que silence et angoisse
Pour ceux qui viennent de la planète Alpha
Et qui cherchent refuge en eux et en eux seuls
Et lorsque le nœud que j'ai dans la gorge cède
Je ne verse des larmes que pour toi
Femme Alpha qui m'aima malgré moi
Car tu n'es plus
Et plus jamais personne ne m'aimera
Comme tu m'as aimé
Et que je n'aimerai plus personne
Comme je t'ai aimée, femme Alpha

C'est avec toi que j'ai appris

C'est avec toi que j'ai appris
Que je n'étais pas d'ici
Et depuis je me méfie
De toutes celles qui te ressemblent
De toutes celles qui toujours prennent
Et jamais ne donnent
De toutes celles qui se sauvent
Après avoir profité des autres
Et qui reviennent sur la pointe des pieds
Pour tromper et trahir encore
Ceux qui ont la faiblesse de les aimer tellement

C'est dans tes yeux
Que j'ai découvert la haine
Et depuis, je me méfie des filles ingrates
Belles au dehors
Mais laides en dedans
Belles en apparence
Mais laides en réalité
Laides dans la vie à deux
Laides dans la tendresse

C'est avec toi que j'ai appris
A regretter les filles d'Alpha
Plus simples et plus fidèles
Que les filles comme toi
Grande par la taille
Mais petite dans le partage
Grande par la taille

Mais petite dans les sentiments

C'est avec toi
Que j'ai appris la fuite
Devant des désirs trop forts
Et Dieu sait que j'ai eu tort
De repousser les filles d'Alpha
Qui auraient su tenir leurs promesses
Et m'aimer mieux que toi

C'est avec toi
Que j'ai appris la trahison
Et que j'ai appris à répéter à d'autres
Ce que tu me chuchotais à l'oreille
Pour troubler mes sens

C'est avec toi
Que j'ai appris la médisance
Mais, tu m'as fait tellement de peines
Qu'il fallait bien que je te maudisse
Pour trouver ma raison d'être
Mais te maudire
Me faisait brûler
Beaucoup plus que le soir du 29ème jour
Lorsque tu guidas
Ma bouche le long de ta 30ème parallèle
Pour goûter aux plaisirs qui font perdre le Nord
Et la raison
Et la foi

Et depuis toi
Tous les soirs je ferme les portes
Pour fuir le monde

Et fuir les filles au cœur de pierre
Et depuis toi
Tous les soirs je brûle les souvenirs
Pour effacer toute trace de toi
Pour que personne ne sache que je t'ai aimée
Comme j'ai aimé les filles d'Alpha

Et depuis toi
Tous les soirs je prie le dieu des hommes
Pour qu'il me fasse perdre la mémoire
Et me fasse oublier
Que tu existes encore
Et que je pourrais bien retomber sous ton charme
Tous les soirs je prie le dieu des hommes
Pour que je m'endorme et ne me réveille plus
Pour ne plus te désirer

Mais puisque tu vis encore
Je demande au dieu des hommes
De m'apprendre à te haïr
Parce que tu m'as condamné à mort
Pour me punir de t'avoir aimée
Alors qu'il te suffisait
De me dire, qu'avant moi
Nul ne t'avait appris ce qu'est la tendresse
Qu'avant moi, nul ne t'avait encore dit je t'aime
Qu'avant moi, nul ne t'avait encore couvert de caresses
Même lorsque tu ne le méritais pas

Et depuis toi
Je me mens à moi-même
Et je crie à mon miroir
Que je t'exècre

Mais, l'écho qui me revient
Plaide ta cause auprès de moi
Et je me demande à quoi bon
Car tu es trop belle
Pour apprendre à aimer
Et je me demande à quoi bon
Car tu es trop grande
Pour connaître la souffrance des vrais amants
Et je me demande à quoi bon
Puisque tu m'as enterré vivant
Et m'as fait vivre ma vie comme un enfer
Parce que j'ai commis le crime de penser
Que tu pouvais comprendre
Que tu étais une part de moi
La meilleure part
La part qui grandit
La part divine
La part que tu m'as dérobée
Et dont je ne guérirai jamais

Je prendrai bien l'une et l'autre

Puisque l'une imite l'autre
S'il faut que je choisisse pour une nuit
Et assumer les ennuis
Je prendrai bien l'une et l'autre
Pour jouer plusieurs gammes
Et passer de la noire à la blanche
Et de la blanche à la noire
Pour combler mes lacunes en solfège

Puisque l'une défend l'autre
S'il faut que je choisisse pour un jour
Pour ne pas briser un cœur
Je prendrai bien l'une et l'autre
Pour apprendre à passer de la claire à la sombre
Et de la sombre à la claire
Pour combler mes lacunes
Dans le panachage des contraires

Puisque l'une vaut bien l'autre
S'il faut que je choisisse pour le reste de ma vie
Pour ne faire de la peine à personne
Je prendrai bien l'une et l'autre
Pour l'inversion des possibles
L'une fera la sauvageonne
L'autre fera l'aristocrate
Et les deux feront la paire

Pour me donner les bons repères
Et de temps en temps la bonne cadence
Quand viendra l'heure d'entrer en transe
Sans prélude et sans balance
Et quant à ce que le monde en pense
Je m'en balance !

Mes chagrins des mois de mai

J'ai toujours vécu nos rendez-vous renvoyés
Comme de vraies déchirures
Et j'ai passé des nuits à t'imaginer dans d'autres bras
Et je garderai toujours en moi
Ces blessures des mois de mai
J'ai toujours vécu tes promesses non tenues
Comme de vraies trahisons
Et j'ai passé des nuits à t'imaginer dans d'autres draps
Mais je ne te demanderai jamais pardon
De t'avoir pensé infidèle
Ni d'avoir réhabilité l'absinthe
Pour supporter l'absence
Et soulager mes chagrins des mois de mai
J'ai toujours vécu tes absences
Comme une fuite avec un autre
Et si je l'ai pensé
Si je l'ai vu dans mes rêves
C'est que tu l'as fait pour me blesser
L'amertume est profonde
Plus jamais rien ne me consolera
Des trahisons des mois de mai
Plus jamais rien ne m'apaisera
De mes blessures des mois de mai
Plus jamais rien ne me guérira
De mes chagrins des mois de mai

Ce soir la pluie viendra

Ce soir la pluie viendra
Tu comprendras enfin mes messages contradictoires
Ce soir la pluie viendra
Et tu tomberas de ton piédestal
Ce soir la pluie viendra
Demain au petit jour
Tu seras dans mon lit
Mais ma main qui n'a tremblé
Que lorsque je t'ai touchée la première fois
Ne tremblera pas
Je t'enlèverai la couronne
Et te ferai connaître la douleur
De tomber en disgrâce
Ce soir la pluie viendra
Tu connaîtras enfin le prix de la douleur
Ce soir la pluie viendra
Tu connaîtras le prix de la défaite amoureuse
Le prix du rejet
Le prix du mépris
Ce soir la pluie viendra
Demain au petit jour
Tu seras dans mon lit
Mais il sera froid
Trempé de larmes
Envahi par l'odeur de la mort
La seule qui t'enivra
Toi qui es si souvent soûle de toi
Ce soir la pluie viendra

Quand les premières gouttes tomberont
S'il te reste un peu d'âme
Demande pardon au bon Dieu
Pour tout ce que tu m'as fait
Ce soir la pluie viendra
Quand les dernières gouttes tomberont
S'il te reste des souvenirs de nous
Oublie-les et oublie-moi
Ce soir la pluie viendra
Demain au petit jour
C'est mon cadavre que tu verras
Demain au petit jour
C'est mon cadavre qui te consolera
Demain au petit jour
Enfin tu comprendras
Mais je ne serai plus là
Et s'il te reste des souvenirs de nous
Oublie-les et oublie-moi
Puis libère-moi
De ton cœur froid.

Bouche contre bouche, tout contre tout

Un matin de novembre gris
Les cheveux mouillés, le corps en feu
Tu viendras me sortir de mon sommeil
Pour m'offrir un voyage hors du temps
Un matin de novembre gris
Tu viendras t'étendre à mes côtés
Pour m'inviter à un voyage au pays de la tendresse
Un matin de novembre gris
Tu viendras m'offrir la bête
Dont j'ai rêvée tant de fois
Et après m'avoir mis en émoi
Tu te sauveras pour que je vienne te chercher
Un matin de novembre gris
J'aurai l'obsession de te retrouver
Dans les airs ou sous les eaux
Un matin de novembre gris
J'irai te chercher dans les profondeurs de la terre
Ou dans le feu incandescent de l'enfer
Un matin de novembre gris
Je braverai l'espace et le temps
Pour le bonheur de te faire mienne
Et à 16 heures, à l'heure où les nuages gris s'étendent
dans le ciel
Je t'étendrai sur le banc du jardin
Et à 16 heures, nous serons face à face
Bouche contre bouche

Tout contre tout
Pour se toucher enfin là où on ne se touchait plus
Pour se parler enfin
Des choses dont on ne parlait plus
Pour se dire enfin
Les choses que l'on ne se disait plus
Pour faire enfin
Des choses qu'on ne faisait plus
Bouche contre bouche
Tout contre tout
Puis, à 17 heures, quand le ciel sera tout gris
Nous serons encore face à face
Bouche contre bouche
Tout contre tout
Pour jouir ensemble
Comme on ne le faisait plus
Bouche contre bouche
Tout contre tout
Miel contre miel
Jusqu'à l'oubli et au sommeil
Jusqu'au repos et même la mort
Pour ne rien oublier
Bouche contre bouche
Tout contre tout.

Ma femme, mon amour

Ma femme, mon amour
Tous les jours que Dieu fait
Je remonte le temps
Pour retrouver les secrets de notre amour
Une rencontre à Paris
Une robe chinoise qui m'attire
Un regard qui me charme
Un désir qui me brûle tout l'été
Un premier rendez-vous
Les premiers émois qui excitent
Les premières suggestions pour esthète averti
Les premières découvertes qui récompensent
Le dîner poivré
Et la folie qui s'ensuit
Quand les corps s'enflamment
Pour une nuit endiablée
Et le doute qui s'installe
Les retrouvailles torrides
Les excursions grecques
La vie ensemble avec ses joies et ses peines
Et les folies parisiennes
Puis le deuil qui rapproche
Les fiançailles pour ne plus se lâcher
Les souvenirs sublimes de Boston
Et de l'avenue de la République
Le Beau Danube pour ouvrir le bal
Un soir de juin 2001

On s'est dit oui
Oui pour toi
Oui pour moi
Oui pour tout ce que la vie nous apportera
Des nuits de noces à Cuba
Et le bruit des vagues
Pour une nuit inoubliable
A faire la révolution des sens
Nos enfants qui arrivent
Et Paris que l'on quitte
Mais qui ne me quitte pas
Nos excursions dans notre belle France
Nos nouvelles ballades dans le Paris de notre jeunesse
Et puis Londres, Glasgow, Bruxelles, Genève
Et nos ballades le long du mur d'Hadrien
La descente de la rivière Eden
Pour le plaisir d'être deux et heureux
Rien que toi et moi
Pour le plaisir d'être quatre
A balancer des cailloux de l'autre côté de la rive
Les épreuves qui frappent
Et la vie qui continue
Parce que je t'ai choisie
Et puis, il y a ce décolleté
Et cette robe à fleurs
Qui me redonnent mes ardeurs de jeunesse
Et puis marcher ensemble
Pour prendre le temps de vivre
Et les retrouvailles après quelques jours d'absence
Malgré le temps qui passe
Tu restes mon fantasme
Le défi que je me donne
Pour donner le meilleur de moi

Dans la conquête des choses qui donnent le vertige
Et malgré le temps qui passe
Tous les jours que Dieu fait
Je ne brûle que pour toi
Ma femme, mon amour

La passion selon S

Chérie, aujourd'hui et à jamais
La passion selon S
C'est lorsque je ne te vois pas
Et que j'ai de la peine
Jusqu'à en pleurer
Et les tourments de la vie ne m'inquiètent pas
Car tu es avec moi
Pour vaincre l'adversité
Aujourd'hui et pour toujours
La passion selon S, c'est toi
Rien que toi
Et toujours toi

Chérie, aujourd'hui et à jamais
La passion selon S
C'est quand tu pars loin de moi
Et que mon cœur se serre
Jusqu'à ton retour
Et lorsque tu es là
Je me sens pousser des ailes
Prêt à surmonter tous les défis de la vie
Aujourd'hui et pour toujours
La passion selon S, c'est toi
Rien que toi
Et toujours toi

Chérie, aujourd'hui et à jamais
La passion selon S
C'est le samedi soir

Lorsque je suis seul sans toi
J'ai peur que le monde ne s'effondre
Et t'enlève à mon affection
Mais lorsque tu reviens chez nous
Je te prends dans mes bras
Pour te respirer et te sentir vivante
Chérie, voilà pour moi
Aujourd'hui et pour toujours
La passion selon S, c'est toi
Rien que toi
Et toujours toi

Chérie, aujourd'hui et à jamais
La passion selon S
C'est toi pour moi
Et moi pour toi
C'est ce qui fait ma joie
Chérie, un jour, je ne serai plus là
Car Dieu m'appellera
Dans sa grande et belle maison
Mais amour ne t'inquiète pas
Je partirai avec le meilleur de toi
Et je préparerai ton arrivée
Pour reprendre la vie
Là où on l'aura laissée
Lorsque la mort nous frappera
Car la passion selon S, c'est toi
Rien que toi
Et toujours toi

Chérie, aujourd'hui et à jamais
La passion selon S
C'est ma vie avec toi

Ici comme là-bas
Et même après la mort
La seule chose qui comptera
Ce sera la vie avec toi
Par toi et rien que pour toi
Chérie, crois-moi
Aujourd'hui et pour toujours
La passion selon S, c'est toi
Rien que toi et toujours toi

Montmorency, le 09 novembre 2019

SMS à ma Négresse préférée

Mon amour
Depuis que je t'ai vue dans tes plus beaux atours
Depuis que tu m'as donné mes premiers émois
Je ne me lasse plus de toi
En toute saison
Et à chaque heure
Jusqu'à perdre la raison
Je cherche en toi mon bonheur
Et lorsque vient l'heure des désirs enragés
Tes jupes bellement troussées
Et tes longues jambes bellement écartées
M'inspirent de très belles pensées
Que je te dirais bien au creux de l'oreille
Pour te remercier de m'avoir fait voir
De pareilles merveilles

Je regrette tout

Je regrette tout
Je regrette tout ce que tu fus pour moi
Et encore plus ce que je fus pour toi
Je regrette tout
Je regrette l'amour que je t'ai donné
Envers et contre tout
Et tous les souvenirs que nous avons partagés
Je regrette tout
Je sais que même si j'étais Orphée
Tu ne serais jamais mon Eurydice
Je regrette tout
Et si je devenais Pygmalion
Tu ne serais jamais ma Galathée
Parce que tu as un cœur de pierre
Alors, le soir je me couche et je chante
Cette chanson en trois mots
Qui ne calment pas tous mes maux
Je regrette tout
Et cette chanson me fend le cœur
Comme le deuil de mon premier amour
Je regrette tout
Je sais que dans un désert
Tu ne me donneras pas à boire
Dans le froid tu ne me réchaufferas pas
Dans la misère tu ne me donneras pas un sourire
Comme on donne au pauvre un bout de pain
Pour calmer sa souffrance
Je regrette tout

Je sais que dans l'obscurité
Tu ne m'apporteras pas la Lumière
Et si je suis dans le bonheur
Tu feras tout pour m'apporter le sale malheur
Je regrette tout
T'avoir connue un jour
Je regrette tout
T'avoir même désirée
Je regrette tout
Avoir souffert lorsque tu m'as laissé
Je regrette tout
Je n'attendrai pas le jugement dernier
Dès à présent, je peux te dire
Que malgré la douleur qui me fend le coeur
Je regrette tout.

Montmorency le 30 décembre 2019

Je ne te donnerai plus de mes nouvelles

Je ne te donnerai plus de mes nouvelles
Car si tu m'aimais tu ne m'aurais pas dit adieu
Alors qu'on commençait à peine à se connaître
Je ne te dirai pas plus ce qui me fait mal
Car si tout est écrit d'avance
Ma souffrance n'est que le prix de mes faiblesses
Ma chute n'est que le prix de mon amour
Je ne te donnerai plus de mes nouvelles
Car si tu m'aimais tu ne m'aurais pas dit adieu
Je t'oublierai très vite mon amour
Pour me délivrer de moi-même
Je ne te dirai pas plus ce que je ferai sans toi
Car si cela t'inquiétait tu ne m'aurais pas quitté
Alors qu'on commençait à peine à s'apprécier
Je ne te donnerai pas de mes nouvelles
Car si tu m'aimais tu ne m'aurais pas dit adieu
Le temps qui passe emportera sans doute tes souvenirs
Pour me laisser m'inventer un avenir
Après avoir brisé toutes les glaces
Dans lesquelles je te vois encore
Je ne te donnerai pas de mes nouvelles
Car si tu m'aimais tu ne m'aurais pas dit adieu
Alors qu'on commençait à peine à s'apprivoiser
Je ne te ferai pas non plus la promesse
De ne pas t'oublier
Car si tu m'aimais tu ne serais pas partie
Je ne prendrai pas non plus le prochain train qui passe
Car j'ai peur qu'il m'emmène

Vers des destinations où je risque de te croiser
Pour que tu me donnes des regrets
Après m'avoir chanté
Les mêmes chansons enrobées de mensonges
Je ne te donnerai plus de mes nouvelles
Je ne comblerai jamais le vide que tu as laissé en moi
Pour apprendre à manquer de toi
Pour apprendre à oublier les émois du premier jour
Et de la première fois
Pour apprendre à manquer de toi
Comme si nous nous étions aimés toute une éternité
Je ne te donnerai plus de mes nouvelles
Pour apprendre à faire de ma mélancolie
La source de ma créativité
Je ne réduirai jamais
La distance qui s'est établie entre nous
S'il faut que je hurle pour que tu m'entendes
Je hurlerai jour et nuit
Pour tourmenter ta conscience
Mais je ne te parlerai jamais de ma souffrance
Car si tu m'aimais tu ne m'aurais pas dit adieu
Alors qu'on commençait à peine à s'aimer
Et s'il me faut apprendre à te dire ma haine
Pour ne plus jamais te dire que je t'aime
Je le ferai sans remords
Pour t'enlever le plaisir de me quitter encore
Pour m'enlever le bonheur de te réinventer
Lors de mes nuits de tristesse
Car si tu m'aimais tu ne m'aurais pas dit adieu
Je ne te donnerai plus de mes nouvelles
Car je ne veux plus
Que mes déclarations d'amour restent sans réponses
Comme les SOS des amants en détresse

Je ne te donnerai plus de mes nouvelles
Car je veux que tu arrêtes de me tourmenter
Après m'avoir quitté
Je ne te donnerai plus de mes nouvelles
Même si ce que je ne dis pas
Me peine et me laisse un goût amer dans la bouche
Je ne te donnerai plus de mes nouvelles
Car après le temps des amours
Vient toujours le temps de la haine
Et même si les mots doux prennent beaucoup de place
Ton cœur est pire que le cœur de Pharaon
Pire que le cœur de Jézabel
Plus sec et plus aride que le pire des déserts
Je ne te donnerai plus de mes nouvelles
Même si ce que je ne te dis pas
Me chagrine, me bouleverse et me torture
Même si je ne me crois pas moi-même
Lorsque je te dis que je ne t'aime plus
Je ne te donnerai plus de mes nouvelles.

Femme de mon cœur

Librement inspiré du Psaume 109

Femme de mon coeur, ne te tais point !
Ne m'abandonne point dans l'adversité
Ne me couvre point du mépris et de l'indifférence
Je t'aime d'un amour inconditionnel
Je me suis battu contre moi-même
Pour ne jamais te tromper
Ne donne pas crédit aux médisances
Ne donne pas crédit aux mensonges
De ceux qui te veulent dans leur lit
Et qui pour te conquérir me salissent à tes yeux
Ils te forcent à me faire la guerre
Pour te faire oublier que je t'aime
Mais moi je ne pratique que l'amour
Je rends le bien pour le mal
Je rends de l'amour pour la haine
Femme de mon cœur
Ne crois pas aux paroles de mes accusateurs
Ils veulent ta ruine
Quand je veux ton bonheur !
Et si je te mens
Que les ingrats mangent le fruit de mon travail
Avant de me lapider sous une pluie de pierres
Que toux ceux qui m'aiment m'enlèvent leur affection
Que les chiens s'allient aux loups pour me déchiqueter
Que mon nom s'éteigne pour les siècles à venir
Que Satan persécute mon âme pour l'éternité
Et que mes péchés ne soient point effacés

Pour que je sois condamné
Le jour du jugement dernier
Femme de mon cœur
Ma reine, mon amour
Je t'aime car tu es ma bénédiction
Je suis imprégné de ta grâce
Femme de mon cœur
Ma reine, mon amour
Je suis malheureux lorsque tu me fuis
Je suis meurtri au plus profond de moi
Lorsque tu me laisses dans le silence
Secoure-moi, ma femme, mon amour !
Sauve-moi par ton amour !
Et qu'ils sachent que c'est toi
Qui fais de moi ce que je suis
Que c'est toi, ma femme, la maîtresse de mon coeur
S'ils me maudissent, bénis-moi
S'ils se lèvent contre moi, prends ma défense
Que mes adversaires revêtent l'ignominie,
Qu'ils se couvrent de leur honte comme d'un manteau !
Je te louerai de ma bouche
Comme on loue son Dieu
Je te célébrerai au milieu de la multitude
Comme on célèbre son Dieu
Femme de mon coeur
Tiens-toi à ma gauche
Je me tiendrai à ta droite
Pour leur montrer la force de notre amour.

SMS à ma mulâtresse

SMS à ma mulâtresse
SMS comme un SOS
SMS comme une caresse
SMS comme une promesse
SMS à ma mulâtresse

Tu peux oublier le jour où je suis né
Me jeter l'anathème
Et me couvrir de blasphèmes
Tu peux oublier que je t'ai aimée
Tu peux même reprendre toutes les espérances
Que tu m'as données
Fidèle à moi-même
Malgré ma détresse
Je reste sous ton charme noir de belle mulâtresse

SMS à ma mulâtresse
SMS comme un SOS
SMS comme une caresse
SMS comme une promesse
SMS à ma mulâtresse

Tu me dis
Que l'on se reverra
Mais tu m'as tellement menti
Que je ne te crois pas
Et même si ta famille n'aime pas
Le beau Nègre que je suis

Et que c'est pour cela que tu me fuis
Je porterai ma croix
Car fidèle à toi
Malgré ma tristesse
Je reste sous ton charme blanc de belle mulâtresse

SMS à ma mulâtresse
SMS comme un SOS
SMS comme une caresse
SMS comme une promesse
SMS à ma mulâtresse

Je reste sous ton charme noir de belle mulâtresse
SMS à ma mulâtresse

Je reste sous ton charme blanc de belle mulâtresse
SMS à ma mulâtresse

SMS comme une dernière messe
SMS à ma mulâtresse

C'est tellement plus classe !

C'est tellement plus classe
Lorsqu'un homme à une femme apporte les plus belles
fleurs
C'est tellement plus classe
Lorsqu'un homme retravaille ses mots
Pour séduire une belle consentante et joueuse
C'est tellement plus classe
Lorsqu'un homme envoie un SMS
Et passe des jours et des nuits à attendre une réponse
C'est tellement plus classe
Lorsqu'un homme à une femme fait le baisemain
C'est tellement plus classe
Lorsqu'un homme aux genoux d'une femme se pose
Pour faire une demande en mariage
C'est tellement plus classe
Lorsqu'un homme est heureux de retrouver une femme
Qu'il ne peut aimer qu'en cachette
C'est tellement plus classe lorsqu'un homme pleure
À cause d'une femme qui le quitte
Et se lamente tel un cygne entamant son dernier chant
Dans l'espoir de reconquérir sa belle
C'est tellement plus classe
Qu'il est dommage de ne pas le faire plus souvent
Il existe d'autres femmes, m'as-tu dit
Mais, il n'y a que pour toi que je peux faire tout cela
Car, c'est tellement plus classe !

C'est depuis que tu m'as quitté

C'est depuis que tu m'as quitté
Que j'ai ce goût amer dans la bouche
Et que le soir je baigne ma couche
De ces larmes de douleurs
C'est depuis que je ne suis plus la personne
Que tu aimes
Que j'ai perdu mon âme
Je t'ai fait mal lorsque je t'ai quittée
Tu me brises en me rendant la pareille
J'ai pensé au mal que je t'ai fait en partant
As-tu pensé au mal que tu me fais en me quittant ?
Je pensais faire le deuil sans mal
En te remplaçant par une autre
Mais, depuis que tu m'as quitté
Je réalise combien il est cruel de vivre sans toi
Et de cueillir des roses pour personne

Je ne te parlerai plus

L'amour ne vaut plus rien de nos jours
Je prends des notes lorsque tu chantes
Tu fais vingt fois la même déclaration d'amour
Tes mensonges sont enrobés de menthe
Tu leur dis la même chose qu'à moi
Tu dis n'avoir jamais autant aimé auparavant
Mais tu le dis à tous tes amants
Tu le dis dans toutes tes chansons
Et toujours sur le même son
Tu me dis la même chose qu'à eux
Mais, je sais que je ne peux plus compter sur toi
Ta parole ne vaut plus rien à mes yeux
Dis ce que tu veux
Je ne te crois plus
Toute honte bue
Je reprends mes vœux
Aujourd'hui et à jamais
C'est décidé mon cœur s'est barricadé
Pour panser mes larges plaies
Fais ta route je ferai la mienne
Quoi qu'il advienne,
Il faut que tu t'abstiennes
De me parler des choses anciennes
Évite même les postures ambigües
Le mal est fait, la honte est bue
Je ne veux plus subir tes abus
Je ne te parlerai plus.

Maintenant c'est comme avant

Maintenant, c'est comme avant
La fuite du temps
La lourde absence des présents
La légère présence des absents
Tu es le vide qui me fait avancer
Tu es l'enfer sur le chemin de mon paradis
Tu es partout et nulle part
Mais cela ne change rien à mon existence
Maintenant, c'est comme avant
La fuite du temps
La lourde absence des présents
La légère présence des absents
L'hiver
Le désert
Ton absence
Ton silence
Ma souffrance
La fuite du temps
Le néant
Mais tout va bien
Maintenant, c'est comme avant

Achevé de composer par :

Kéfémas Editions
7 rue des Grives
95160 Montmorency
Tel : 01 34 17 63 18

Printed in Great Britain
by Amazon

51914864R00068